In dieser Reihe ist bisher außerdem erschienen:

„Crashkurs Lehrer: Tipps für Studierende, Lehramtsanwärter, Referendare, Seiteneinsteiger und Quereinsteiger für die ersten eigenen Unterrichtsstunden in einer neuen Klasse"
(ISBN 9781658118439)

Amazon Independently Published
ISBN 9781661814861

Crashkurs Lehrer 2

Tipps zum richtigen Umgang
mit „schwierigen" Schülern
und Lerngruppen

von Jan Rüdiger

Vorwort

Liebeskummer? Ein prügelnder Vater? Hamster gestorben? Eltern getrennt? Das Handy kaputt oder - noch schlimmer - von Mutter eingezogen? Schlechte Erziehung? Bald Geburtstag und Aufregung wegen eines Geschenks? Fußballspiel am Wochenende? Taschengeld schon futsch? Mist gebaut? Nervige Geschwister? Mehr Aufmerksamkeit nötig? Total überfordert? Langeweile?
Die Liste mit Dingen, die unsere Schüler aktuell bewegen oder sogar schlimm belasten, könnte man ewig fortführen. Die Anzahl an Möglichkeiten für solche Dinge ist endlos, sodass man als Lehrer nie genau weiß, was in den Heranwachsenden vor sich geht und warum sie sich auf eine bestimmte Art und Weise verhalten. Doch seine Gründe wird ohne Zweifel jeder einzelne von ihnen haben, und dieses Bewusstsein ist für uns Lehrkräfte wichtig.
Manche Schüler fressen Frust, Ärger, Sorgen und Gedanken einfach stillschweigend in sich rein und fallen daher im Unterricht kaum auf. Für den Unterrichtsalltag ist dies erst einmal nicht weiter sonderlich relevant, auch wenn selbstverständlich diese Kinder und Jugendlichen unsere Fürsorge dringend benötigen.
Eine viel größere Herausforderung stellen aber all die Schüler dar, die mit ihrem unangebrachten Verhalten ganz offen vor der Klasse ihre Unzufriedenheit äußern und es auf völlig unterschiedliche Art regelmäßig schaffen, den Unterricht zu sprengen und jede Stunde auf den Kopf zu stellen, sodass man als Lehrer im schlimmsten Fall schon regelrecht Panik bekommt, diese Klasse zu unterrichten.
Dieser Crashkurs soll Möglichkeiten aufzeigen, wie man als Lehrer mit problematischen Schülern umgehen und sie möglichst dazu bringen kann, ihr Verhalten positiv zu beeinflussen. Natürlich gibt es hierbei kein Patentrezept, aber viele verschiedene Optionen, bei der ganz bestimmt eine hilfreich ist und Wirkung zeigt.

Wuppertal im Januar 2020

„Wir wollen wieder Unterricht bei Ihnen haben."
„Warum denn das?"
„Weil Sie viel strenger sind."

Pausenhofgespräch mit einem Sechstklässler

Inhaltsverzeichnis

1 Vermeidung von Unterrichtsstörungen

Wenn man diese Handreichung liest, dann erwartet man vermutlich in erster Linie eine Reihe schnell anwendbarer Vorschläge und Tipps, die man direkt ausprobieren und unmittelbar anwenden kann, sobald sich verschiedene Schüler respektlos verhalten oder sie sogar jegliche Anweisungen im Unterricht ignorieren. Eine von mir und verschiedenen Kollegen praktisch ausprobierte und regelmäßig genutzte Auswahl solcher Möglichkeiten wird auch kompakt auf den nächsten Seiten folgen, allerdings ist meiner Meinung nach unbedingt erforderlich, vorher auf einige essentielle Faktoren hinzuweisen, die sicherlich nicht alle, aber durchaus schon eine sehr hohe Anzahl an Unterrichtsstörungen von vornherein verhindern kann. Einige davon sind ganz offensichtlich und werden häufig genutzt, andere hingegen werden meist noch ungeachtet gelassen, obwohl sie durchaus logisch nachvollziehbar sind.

1.1 Regeln im Unterricht

Der am wenigsten überraschende Aspekt und daher auch die Grundlage für ein respektvolles und angenehmes Miteinander ist die Existenz von ganz klaren Regeln. Dabei können bei intensiverer Zusammenarbeit mit einer Lerngruppe im Laufe der Zeit immer mehr und ergänzende Regeln die bereits bestehenden durchaus ergänzen (bspw. ab sofort rufen Schüler sich selbst gegenseitig in einer Redekette abwechselnd nach Geschlecht auf), ebenso wie existierende Regeln wieder aufgelöst werden können (bspw. Trinkverbot wird zurückgenommen). Zu allererst sollte jedem Schüler aber ganz klar und deutlich bewusst gemacht werden, dass die oberste und mit Abstand wichtigste Regel nur eine einzige ist: Der Lehrer ist der Chef im Klassenzimmer und hat zu jeder Zeit das Sagen.

Das mag zunächst einmal vielleicht extrem und sogar arrogant klingen, insbesondere dann, wenn man sich eine vertrauensvolle, aufrichtige und ehrliche Lehrer-Schüler-Beziehung auf gleicher Augenhöhe wünscht. Allerdings kann solch eine Kooperation zwischen Lehrenden und Lernenden nur dann wirklich aufgebaut und intensiviert werden, wenn jedem Schüler klar ist, dass den Anweisungen der Lehrkraft stets Folge zu leisten ist, weil diese nur das Beste beabsichtigt. Schüler zweifeln diese manchmal aus ihrer Sicht unfaire Hierarchie gerne an, müssen sie aber akzeptieren und im Idealfall auch ohne detaillierte Rechtfertigung verstehen, da der Lehrer nicht nur eine Ausbildung oder ein Studium erfolgreich absolviert hat, sondern insbesondere über viel mehr Erfahrung in verschiedensten Bereichen des Lebens verfügt. Uns wird von unserem Arbeitgeber, dem Staat bzw. dem Land, ganz eindeutig zugetraut und auferlegt, stets im Sinne der positiven Entwicklung eines jeden Schülers zu agieren. Und genau das müssen die Schüler so akzeptieren, was keinesfalls im Widerspruch zu einem guten Verhältnis steht. Ganz im Gegenteil: Je konsequenter die Regel des Lehrers als Chef im Klassenraum in jungen Jahren durchgesetzt wird, desto leichter kann sie in höheren Klassenstufen aufgelöst werden und eine schrittweise Lockerung gewisser Umgangsformen ermöglichen. Andersherum ist es nahezu unmöglich, einen kumpelhaften Lehrer plötzlich zu einer strikten Autoritätsperson werden zu lassen. Zu hoch ist dann die Gefahr, dass die gut gemeinte

Augenhöhe in die Richtung umkippt, dass plötzlich die Schüler über dem Lehrer stehen, was unter keinen Umständen der Fall sein darf.
Diese eine einzige Regel, dass der Lehrer das Sagen im Klassenraum hat und stets auf ihn gehört werden muss, gilt es konsequent umzusetzen. Dabei sollten insbesondere zu Beginn in einer neuen Lerngruppe keinerlei Zugeständnisse gemacht werden: Einfach aufstehen und Hände waschen? - Nein! Dringend während der Stunde zur Toilette müssen? - Nein! Schnell von einem Mitschüler den entliehenen Stift zurückholen? - Nein! Bei Fragen zum Thema reinrufen? - Nein, nein, nein!
Je älter die Schüler sind, desto genauer kennen sie grundlegende Regeln wie die Notwendigkeit der Meldung, wenn man etwas sagen möchte, und auch hier gilt wieder: Der Lehrer ist zunächst der Boss und allein er entscheidet durch sein Aufrufen, wer sprechen darf.
Das Durchsetzen der Chefposition bei all den Versuchen der vielen Schüler, den Toleranzbereich des Lehrers auszutesten und aufzudecken, ist besonders am Anfang sehr anstrengend und stößt auf viel Gegenwind, besonders in höheren Klassenstufen. Aber auch in diesen muss die oberste und zunächst einzig wichtige Regel durchgesetzt werden, und jegliche Gegenwehr vor allem bei den Älteren zeugt umso deutlicher davon, dass es in erster Linie darum geht, ihren neuen Lehrer und dessen Durchsetzungsvermögen genauestens zu erkunden. Denn ihnen ist es seit langem bekannt, dass eine Meldung notwendig ist, ebenso wie sie das Prinzip der Anhaltens bei einer roten Ampel oder die Verwarnung bei einer gelben Karte im Fußball kennen. Wie wir uns diese Alltagsregeln auch im Unterricht zu Nutze machen können, wird im Kapitel 3.1 genauer beleuchtet.

1.2 Angemessen reagieren

Es fällt schwer, streng zu sein, freundliche Bitten von leuchtenden Kinderaugen abzulehnen und immer wieder „nein“ zu sagen. Doch diese deutliche Einschränkung ihrer Befugnisse hilft den Schülern, sich zu orientieren und im Unterricht auf das Wesentliche zu beschränken.
Wenn nun gegen den Willen bzw. die Anweisung des Lehrers verstoßen wird, ist es unabdingbar, ganz klar zu verdeutlichen, dass das gezeigte Verhalten unerwünscht ist. Das kann je nach Vergehen von einem bösen Kopfschütteln mit strengem Blick bspw. nach dem kurzen Aufstehen eines Schülers bis hin zum Ausschluss vom Unterricht bspw. aufgrund einer angezettelten Prügelei reichen. Völlig egal, wie klitzeklein oder auch enorm schwerwiegend das Fehlverhalten auch sein mag, zwei Dinge sind hier essentiell: Erstens muss ich unverzüglich auf dieses Fehlverhalten reagieren (und nicht erst einen Tag später!) und zweitens muss eine angemessene Maßnahme (möglichst eine vorher angekündigte) unbedingt auch umgesetzt werden.
Wird einer dieser beiden Schritte nicht befolgt, so riskiert man als Lehrer, in der Schülerschaft sehr schnell seine Zuverlässigkeit und sein Ansehen zu verlieren, wird unglaubwürdig und hat in der nächsten schwierigen Situation durchaus höhere Hürden, sich glaubhaft durchzusetzen und Autorität zu verkörpern. Deshalb ist es unglaublich wichtig, auf jegliches unerwünschte Verhalten schnellstmöglich Reaktion zu zeigen.
Dabei ist es notwendig, dass man als Lehrer möglichst gerecht bleibt und auf eine förderliche Art reagiert. Dies beinhaltet einerseits, den betroffenen Schüler, der gegen eine Regel verstoßen hat und sein Verhalten positiv ändern soll, als auch

anderseits die restliche Lerngruppe, die diesen Bruch vermutlich registrierte, nun natürlich gespannt auf die Konsequenzen des Lehrers wartet und im Idealfall daraufhin dieses Fehlverhalten niemals nachahmt, da sie schlimme Folgen befürchtet.

Damit der Regelverstoß oder die Störung, die von allen im Raum registriert wurden, also effektiv auch auf die restliche Klasse eine abschreckende Wirkung hat, macht es durchaus Sinn, das unerwünschte Verhalten deutlich zu tadeln und insbesondere bei wiederholtem Auftreten vor allen **ein Exempel zu statuieren**. Der klassische Rauswurf vor die Tür ist dabei ein Klassiker, allerdings grenzwertig und in den Gesetzen einiger Bundesländer ausdrücklich untersagt. Manche Kollegen wenden diese Option dennoch gerne an, schon allein, weil sich manchmal schon durch nur einen bestimmten Schüler weniger im Raum die gesamte Lernatmosphäre positiv ändert.

Selbstverständlich gibt es auch eine ganze Reihe weiterer Maßnahmen, mit denen man als abschreckendes Beispiel vor der gesamten Lerngruppe Strenge und Durchsetzungsvermögen demonstrieren kann. Eine Auswahl solcher Optionen wird im Kapitel 2.2 beschrieben.

Doch nicht immer ist es angemessen, vor allen lautstark ein Exempel zu statuieren. Möglicherweise ist der insgesamt beschäftigten und fleißig arbeitenden Klasse gar nicht aufgefallen, dass einer ihrer Mitschüler etwas getan hat, was ich als Lehrer nicht möchte, bspw. nippte jemand immer wieder an seiner Flasche, kippelte gefährlich mit dem Stuhl oder schrieb heimlich ein Zettelchen anstatt zu arbeiten. In solchen Fällen ist es absolut kontraproduktiv, laut vor der gesamten Lerngruppe dieses Fehlverhalten zu tadeln, diese aus ihrer ruhigen Arbeitsphase abzulenken und sie sogar auf die nur eine einzelne Person betreffende Problematik aufmerksam zu machen. Hier würde es sich um den klassischen Elefanten handeln, der eben eigentlich nur eine kleine Mücke war. Deshalb ist hier zu empfehlen, auf den Blick des betroffenen trinkenden, kippelnden bzw. schreibenden Schülers zu warten und dann durch Mimik oder Gestik deutlich zu machen, dass man den Regelverstoß vernommen hat und das Verhalten unverzüglich geändert bzw. angepasst werden soll. Diese **Missbilligung durch schweigenden Blickkontakt** ist sehr wertvoll, da er ganz personalisiert nur dem betroffenen Schüler gilt, er sich persönlich angesprochen viel peinlicher ertappt fühlt und er durch ein einfaches Kopfschütteln oder eine dezente Handbewegung schnell bemerkt, was er nicht hätte tun sollen.

Es ist also nicht ganz einfach, richtig zu reagieren, doch das wichtigste ist, dass man überhaupt reagiert und selbst über scheinbare Kleinigkeiten nicht hinwegsieht. Und völlig egal, ob man eine Szene vor der ganzen Klasse macht oder unauffällig eine Einzelperson tadelt: Laut in den Raum zu brüllen, sollte man definitiv unterlassen. Dass das nicht leicht ist, weiß ich aus eigener Erfahrung, denn manchmal kann ein lauter Schrei sehr befreiend sein und die Lerngruppe kurz zur Ruhe bringen. Aber eben tatsächlich aufgrund des Schreckes nur für einen kleinen Moment, dauerhaft gewöhnen sich die Schüler an lautstarke Rufe und werden dagegen resistent. Abgesehen davon ist der übermäßige Gebrauch schädlich für die Stimme. Stattdessen ist es definitiv wirksamer, ganz konkret ausgewählte Schüler namentlich anzusprechen und nicht pauschal die gesamte Gruppe zu tadeln, da sich in diesem Fall schlimmstenfalls sogar die falschen getadelt fühlen.

1.3 Hohe Schüleraktivierung

Auch dieser Punkt ist keine wirklich große Überraschung, muss allerdings unbedingt angesprochen werden, da nur ausgiebig mit passenden Aufgaben versehene Schüler dauerhaft beschäftigt sind und keinerlei Rechtfertigung haben, sich mit etwas anderem als dem Lernstoff zu beschäftigen. Jeder einzelne Schüler muss also stets etwas zu tun haben, sodass keine Langeweile aufkommt, bei zügiger Bearbeitung kein Leerlauf entsteht und stets jeder mit etwas beschäftigt ist. Dies kann insbesondere für schnelle Lerner, die den Pflichtstoff zügig erledigt haben, durchaus auch kreative, rätselartige oder unterhaltsame Bonusaktivitäten beinhalten. Auch ältere Schüler zeichnen noch durchaus gerne, malen Mandalas und Bilder aus oder finden versteckte Wörter in Gitterrätseln.

Die starken dürfen keinesfalls unterschätzt werden, wenngleich das Hauptaugenmerk in der Regel eher auf der Unterstützung von schwächeren Schülern liegt. Diese dürfen nicht überfordert werden, da sie so schnell demotiviert sind und damit die Gefahr entsteht, dass sie schnell aufgeben und sich lieber anderen Aktivitäten oder gar der Ablenkung von Mitschülern widmen. Dabei ist es oftmals schon ausreichend, langsamere Lerner durch kleine Zugeständnisse zu unterstützen, bspw. die erlaubte Nutzung von Büchern oder anderen Hilfsmitteln, mehr Zeit für weniger (oder auch weniger anspruchsvolle) Aufgaben, eine niedrigere Qualität des erwarteten Arbeitsergebnisses usw.

Das höchste Potenzial für Störungen stellt allerdings der Beginn von Unterrichtsstunden dar, da die einzelnen Schüler einer Klasse teils in sehr unterschiedlicher Geschwindigkeit den Klassenraum erreicht, die Materialien auf dem Tisch platzieren und sich vorbereitet am eigenen Platz positionieren. Dabei ist unerheblich, ob Schulen zwischen Unterrichtsstunden einen Gong haben, um Pausenzeiten zu markieren oder ob der Übergang zwischen Stunden eher fließend ist - man hat als Lehrer immer Schüler, die schnell den Raum betreten, flink auspacken und bereit für den Unterricht sind, und andere Teile der Lerngruppe sind sehr langsam, brauchen zum Auspacken Ewigkeiten oder mussten noch ein Gespräch mit Lehrerkollegen führen, sodass sie verspätet eintreffen. Dies kann dazu führen, dass manchmal mehrere Minuten vergehen, bis die gesamte Klasse vollzählig versammelt ist, hinter ihrem Stuhl steht und bereit für die Begrüßung ist. Und das ist verschwendete Zeit, in der die Schüler unnötigen Leerlauf und damit viele Möglichkeiten der Ablenkung haben. Dies ist Zeit, in der Konflikte entstehen und häufig Störungen aufkommen können.

Aus diesem Grund gewöhne ich meinen Klassen ziemlich schnell an, dass sie grundsätzlich nach dem Betreten des Raumes und dem Auspacken ihrer Materialien zunächst einmal Platz nehmen und eigenständig sofort an einer Anfangsaufgabe zu arbeiten beginnen, die ich an der Tafel notiert habe. Das kann von einer Aufgabe im Buch oder Arbeitsheft über ein Rätsel oder einen Lückentext bis hin zum wiederholenden Durchlesen des Stoffes der Vorstunde alles Mögliche sein - Hauptsache, alle Schüler sind beschäftigt und haben keine Ausrede, dass sie ja nichts zu tun hätten. Dazu ist es allerdings notwendig, als Lehrer vor den Schülern in dem Unterrichtsraum zu sein um die Aufgabe an der Tafel notieren zu können.

Die Vorteile dieses Vorgehens sind, dass die Schüler nicht nur nicht gelangweilt wartend herumsitzen, sondern dass sie sich tatsächlich direkt von Beginn an mit Lernstoff beschäftigen, diesen wiederholen und verinnerlichen. Die Lernzeit wird somit von jedem Schüler individuell ganz intensiv genutzt und der

Raum für mögliche Störungen und Konflikte wird enorm minimiert, da jeder Schüler ja eine Aufgabe zu erledigen hat und damit jegliche Ausrede, noch durch den Raum zu laufen oder etwas anderes zu tun, ungerechtfertigt ist.

Erst, wenn ich den Gong meiner Tischklingel am Pult erklingen lasse, wissen die Schüler, dass die Unterrichtsstunde offiziell beginnt und sie erheben sich zur Begrüßung, woraufhin der gemeinsame Unterricht stattfindet. Dieses Ritual muss natürlich eingeübt werden, da die Schüler anfangs nicht bemerken, dass eine Anfangsaufgabe an der Tafel notiert ist und diese erledigt werden soll. Nach ein paar Stunden gewöhnen sie sich aber recht schnell daran und finden diese ungewöhnliche Art des Beginns schon als völlig normal. Und ich habe das Gefühl, dass der Unterrichtsbeginn dadurch viel ruhiger geworden ist, der Start viel entspannter sowie konfliktlos stattfindet und ich kann die Zeit außerdem nutzen, um Eintragungen ins Klassenbuch zu tätigen bzw. die Anwesenheit zu überprüfen.

2 Umgang mit einzelnen Problemfällen

2.1 „Nach dem Unterricht zu mir!“

Bevor ich in Kurzform die erfolgreichsten selbst erprobten Reaktionen, Optionen und Maßnahmen infolge unangebrachten Schülerverhaltens darlege und erläutere, möchte ich unbedingt noch einmal ganz deutlich darauf hinweisen, dass es das eine erfolgreiche Patentrezept, das bei allen Schülern auf gleiche Weise unverzüglich Wirkung zeigt, nicht gibt. Viel mehr ist ein Ausprobieren verschiedenster Möglichkeiten und Ideen bei unterschiedlichen Schülern notwendig, das im Laufe der Zeit einen höheren oder niedrigeren Erfolg aufweist, je nach Situation und Persönlichkeit des Betroffenen. Erst mit steigender Lehr- und Erziehungserfahrung wird sich nach und nach zeigen, welche Maßnahmen auch zur eigenen Lehrerpersönlichkeit passen und besonders nachhaltig eine Verhaltensänderung des Schülers hervorrufen. Das kann manchmal durchaus einige Zeit dauern, insbesondere dann, wenn man in den ersten Stunden in einer neuen Lerngruppe nicht ausreichend streng war. Deshalb noch einmal der Hinweis, dass Strenge in Zusammenhang mit Durchsetzungsvermögen eine enorme Vorarbeit leistet.

Doch gerade in den ersten Monaten bzw. sogar Jahren an einer neuen Schule fehlt einer jungen Lehrkraft noch die Erfahrung, bei der hohen Anzahl unterschiedlichster Situationen stets die richtige Entscheidung zu treffen und stets bestimmt zu reagieren. Deshalb ist es keine Schande, wenn insbesondere ältere Schüler

schnell Schwächen entdecken und Neulinge im Lehrerberuf an ihre Grenzen bringen. Die allermeisten von uns erleben das und müssen nun versuchen, aus dieser Situation das Beste zu machen bzw. wieder Herr der Lage zu werden. Wie gesagt, das kann durchaus mehrere Jahre dauern.
An dieser Stelle rate ich ganz deutlich davon ab, sich auf provokante Fragen, machtdemonstrierendes Gehabe oder ausschweifende Diskussionen mit Schülern innerhalb des gesamten Klassenverbandes einzulassen. Stattdessen sollte man freundlich darauf hinweisen, jegliche Anfragen nach dem Stundenende persönlich zu besprechen, da man dann eher Zeit für ausschweifende Diskurse hat und die meisten Schüler lieber in die Pause oder nach Hause gehen wollen, sodass dem Initiator der unangenehmen Situation die Bühne genommen wird. Und tatsächlich sollte man die gewünschte Thematik auch durchaus nach dem Unterricht offen von sich aus vor dem betroffenen Schüler ansprechen. Erstens bemerkt dieser dadurch, dass man keine Konfrontationen scheut, und zweitens habe ich die Erfahrung gemacht, dass man im Gespräch mit einer kleinen Runde viel respektvoller, ehrlicher und persönlicher mit Schülern sprechen kann. Diese bekommen nun nämlich genau die Zuwendung und Aufmerksamkeit, die sie sich - aus welchen Gründen auch immer - gerne wünschen. Aus diesem Grund ist es stets eine ganz deutliche und wertvolle Reaktion auf unerwünschtes Schülerverhalten, wenn man den Betroffenen nach dem Unterricht noch einmal zu sich bittet. Dies sollte unmittelbar auf das Fehlverhalten verkündet werden, wobei eine Notiz für einen selbst zur Erinnerung unverzichtbar ist, damit sowohl das Geschehene nicht in Vergessenheit gerät als auch am Ende der Stunde tatsächlich noch einmal an das nun stattfindende Gespräch erinnert werden kann.

Wenn das Gespräch dann stattfindet, sollten ein paar wichtige Kleinigkeiten hinsichtlich der *Durchführung* beachtet werden:

1. Der Betroffene sollte einen Mitschüler seiner Wahl zum Gespräch mitbringen, sodass es einen „Zeugen“ gibt.
2. Es sollten keinesfalls mehr als drei Schüler daran teilnehmen.
3. Die Länge sollte zwei Minuten nicht überschreiten, außer wenn der betroffene Schüler die Unterhaltung freiwillig ausweitet - dies kann dann als positive Reaktion wahrgenommen werden.

In Hinblick auf den *Inhalt des Gesprächs* sind ebenfalls gewisse Aspekte zu empfehlen:

1. Das beobachtete Verhalten wird vom Lehrer kurz noch einmal angesprochen und geklärt, weshalb es unangemessen war.
2. Der betroffene Schüler bezieht Stellung dazu und versichert, dass es nicht wieder vorkommen wird.
3. Der Lehrer verkündet die Maßnahme, die beim wiederholten Vorkommen ergriffen werden wird. - Alternativ dazu kann auch der Schüler selbst anmerken, welche Strafe er dann erhalten wird.
4. Es werden auch positive Seiten des Schülers angesprochen (bspw. gute Ideen, aktive Mitarbeit, pünktliches Erscheinen usw.) und ggfs. für den Beginn einer auf Vertrauen basierenden Beziehungsentwicklung persönliche Nachfragen gestellt (bspw. Geschwister in anderen Klassen, Tagesablauf nach dem Unterricht, Freizeitgestaltung usw.).

Mit dem Einhalten dieser Schritte wird die Grundlage gelegt, dass bei folgenden persönlichen Gesprächen nach weiteren Störungen eine enge Bindung zwischen dem Schüler und der Lehrkraft entsteht. Diese mühevolle aber wichtige Beziehungsarbeit wird im Laufe der Zeit idealerweise so intensiviert, dass der betroffene Schüler irgendwann an einem Punkt ankommt, an dem die Bereitschaft für dich als engagierte Lehrkraft so hoch geworden ist, dass sich dessen Sozial- und möglicherweise auch Arbeitsverhalten allein aus dem Grund deiner Sympathie verbessert. Denn wenn man jemanden mag, möchte man dieser Person Freude bereiten oder gar imponieren und passt deshalb durchaus sein Verhalten an, um ihr zu gefallen. Dieses Muster trifft auf Freunde und gleichermaßen auf Lehrer zu, bei jüngeren Schülern sogar noch deutlich mehr als bei älteren. Damit diese Lehrer-Schüler-Beziehung noch zügiger positiv entwickelt werden kann, sind auch zwischendurch Gespräche bspw. auf dem Pausenhof förderlich und können zu einer zügigen Wirkung beitragen. Diese Beziehungsarbeit ist zeitaufwendig, führt aber zu erstaunlichen Erfolgen und tiefen Einblicken in die Lebenswelt von Schülern und deren Familienverhältnissen. Auch Gespräche mit Klassen- oder anderen Fachlehrern zu gewissen Schülern können sehr aufschlussreich und förderlich sein.

Wichtig ist abschließend zu diesem Teil noch die Anmerkung, dass den Schülern klar und deutlich bewusst gemacht wird, dass sie mit mir als Lehrer über alle Probleme, Schwierigkeiten, empfundene Ungerechtigkeiten, subjektive Wahrnehmungen und sonstige Befindlichkeiten offen sprechen können, solange diese Diskussionen *nicht* während des Unterrichts im Klassenverband vor allen Mitschülern angebracht werden. Des Weiteren macht der berühmte „Ton die Musik", wobei über eine flapsige Reaktion im persönlichen Gespräch wesentlich großzügiger hinweggesehen werden kann, als wenn diese vor allen anderen erfolgt. Außerdem entsteht durch solche Diskussionen in Anwesenheit der gesamten Lerngruppe viel zu schnell mehr Unruhe und damit ein weitaus größeres Potenzial an Unterrichtsstörungen und unerwünschtem Verhalten.

2.2 Strenge und Verlässlichkeit verkörpern

Selbst wenn das große Ziel ist, mit Schülern eine gute Lehrer-Schüler-Beziehung aufzubauen, oder vermutlich *gerade* weil es das große Ziel ist, sollten Strenge und Durchsetzungsvermögen höchste Priorität im Umgang mit den Lernern haben. Nur wenn konsequent auf die Einhaltung gewisser Regeln geachtet wird, können die Schüler sich absolut sicher sein, dass sie sich auf ihren Lehrer mit all seinen Grundsätzen, Erwartungen und Anforderungen bedingungslos verlassen können. Insbesondere in unserer heutigen Zeit, in der viele Scheidungskinder abwechselnd bei Mutter und Vater sowie teilweise auch noch in Obhut von den Großeltern bis zu drei verschiedene Regelsysteme erleben, ist eine konstante Zuverlässigkeit der Einhaltung von Regeln auf schulischer Seite ein Faktor, den die Schüler erwarten und enorm schätzen.

Heranwachsende wollen strenge Lehrer haben. Wenn ich die Schüler meiner Klasse beobachte, so ist deren Reaktion schon seit der 5. Klasse bis heute in der 9. Klassenstufe stets für ein paar Sekunden euphorisch, wenn sie Unterricht bei einem lockeren und nachgiebigen Kollegen haben. Doch diese Einstellung wechselt schon immer bei den ersten Schülern innerhalb weniger Momente, bei den letzten nach spätestens ein paar Wochen zu einer regelrechten Frustration um, da ihnen durchaus bewusst ist, dass die Stunden, in denen sie machen können, was sie wollen, vergeudete Zeit ist und sie nicht das lernen, was sie für ihr zukünftiges Leben oder im schlimmsten Fall sogar für ihre Abschlussprüfungen benötigen. Geschätzt werden die Lehrer, die streng sind und ganz klar gewisse Dinge erwarten und einfordern. Und genau das solltest du auch tun und die einzelnen Pappenheimer, die aus der Reihe tanzen, unverzüglich in ihrer Schranken weisen.

Zu unmittelbaren angemessenen Reaktionen auf unerwünschtes Schülerverhalten habe ich bereits im Kapitel 1.2 einige Ausführungen gemacht, wobei die Missbilligung durch schweigsamen Blickkontakt sehr begrenzt ist und das Statuieren eines öffentlichen Exempels vor der gesamten Klasse weitaus mehr Möglichkeiten aufweist und gleichzeitig auf Mitschüler abschreckend wirkt:

1. Einen Schüler vor den Raum zu schicken kann gesetzlich grenzwertig sein, da wir als Lehrer unsere Aufsichtspflicht nicht verletzen dürfen. Wenn die offene Klassenzimmertür allerdings außerhalb der Sicht der restlichen Lerngruppe fällt und so offen bleibt, dass man selbst den Schüler noch im eigenen Blickfeld hat, spricht meines Erachtens nichts gegen diesen zeitweise beschränkten Platzverweis. Dieser sollte allerdings keinesfalls länger als fünf Minuten dauern und nach dem Unterricht noch einmal im persönlichen Gespräch thematisiert werden.

2. Ebenfalls rechtlich nicht unbedingt ganz sauber - aber durchaus effektiv - kann es sein, wenn man einen störenden Schüler zur mündlichen Kontrolle nach vorne in den Fokus der ganzen Klasse ruft. Die gestellten Aufgaben dürfen keinesfalls zu leicht, aber auch nicht zu umfangreich sein, sodass der spontane Test keinesfalls mehr als fünf Minuten in Anspruch nimmt. Als Resultat ist zum Erreichen der gewünschten Wirksamkeit vor allen notwendig, dass die erzielte Leistung lediglich mangelhaft oder ungenügend ist. Dabei lässt der Kommentar „Das entspricht der Note 5.“ offen, ob die Zensur tatsächlich eingetragen wird, sodass später nicht der Vorwurf aufkommen kann, dass persönliche Daten wie Testergebnisse vor allen offen ausgeplaudert werden. Weiterhin kann der Zusatz „Jetzt solltest du umso intensiver mitarbeiten, damit du diese Note noch

verbessern kannst." den betroffenen Schüler dazu bringen, nicht nur Störungen zu unterlassen, sondern im Idealfall sogar aktiv mitzuarbeiten. Ein abschließendes Gespräch nach der Stunde ist zu empfehlen.

3. Manchmal kann eine ganz simple Kleinigkeit schon Wunder bewirken: Manchen Schülern tut der Sitzplatz bei gewissen Mitschülern nicht gut, sodass diese alleine sitzen sollten. Einige Schüler können sich abgeschottet in der letzten Reihe besser konzentrieren, andere benötigen die unmittelbare Nähe zum Lehrer in der ersten Reihe. Interessanterweise wissen die meisten Schüler selbst ganz genau, welcher Sitzplatz ihnen gut tut und teilen diese Information in einem ruhigen Gespräch auch ohne große Widerstände mit.

4. Viele Schüler werden schon schnell kleinlaut, wenn man ihnen bei Störungen mit Zusatzaufgaben zur nächsten Stunde droht. Solche Sonderaufgaben sollte man für den Ernstfall tatsächlich parat haben, sodass diese in der Unterhaltung nach der Stunde mitgeteilt werden können. Dabei solltest du dir unbedingt mit Bleistift ins Klassenbuch „Aufgabe Tim" notieren, sodass du keinesfalls vergisst, das Ergebnis auch tatsächlich einzufordern und zu kontrollieren. Auch das sollte laut vor der gesamten Klasse stattfinden, sodass diese mitbekommt, dass du nichts vergisst und deine Drohungen wahr machst. Wenn Tim die Aufgabe nun hat, so bekommt er ein Lob und den Hinweis, dass es hoffentlich das letzte Mal war; sollte er sie nicht erledigt haben, so verkündest du die damit erworbene ungenügende Leistung und die Möglichkeit, diese bis zur nächsten Stunde zu streichen oder andernfalls durch eine weitere ungenügende Leistung im Notenheft zu ergänzen. Das geht im schlimmsten Fall so lange, bis Tim realisiert hat, dass diese Angelegenheit kein Spaß ist und erledigt werden muss.

5. Sollte ein Schüler sich wiederholt Zusatzaufgaben einfangen, diese aber grundsätzlich nicht eigenständig erledigen, sollte man ihn im Gespräch nach dem Unterricht zum Nacharbeiten zu einem unbequemen Zeitpunkt einladen, bspw. am Freitag nach der letzten Stunde. Eine Variante dazu ist das Vorarbeiten, bei dem der Schüler bspw. eine halbe Stunde vor regulärem Unterrichtsbeginn in der Schule erscheinen und Aufgaben bearbeiten muss. In beiden Fällen sollte die Maßnahme mindestens einen Tag vorher angekündigt werden, sodass der Schüler seinen Eltern Bescheid geben kann, damit diese sich keine Sorgen machen. Das gilt insbesondere für jüngere Schüler, denen man am besten noch einen kurzen Zettel für die Eltern mit einer Erklärung zu den Umständen mitgeben sollte, den diese dann unterschreiben, sodass du eine Absicherung über deren Kenntnisnahme hast.

Prinzipiell empfehle ich, am Nachmittag eines jeden Unterrichtstages kurz Notizen zu (a) jedem auffälligen Schüler, (b) dessen genaues Fehlverhalten und (c) der jeweils getroffenen Maßnahme zu machen, sodass diese Aufzeichnungen bei enormer Häufung über den Klassenlehrer bei der Schulleitung zur Einberufung einer Ordnungsmaßnahme eingereicht werden können.

Bevor es zu dieser kommt, ist es allerdings wichtig, sich mit Kollegen, die ebenfalls in der betroffenen Klasse unterrichten, auszutauschen. Manchmal erfährt man wichtige familiäre Hintergründe zu einem Schüler, ab und zu schaden veränderte Freundschaftskonstellationen bei der Sinnhaftigkeit von bisherigen Sitzplänen, hin und wieder kommen sogar Einschränkungen im Seh- oder Hörvermögen einzelner Lerner zum Vorschein, die Probleme verursachen können. Du solltest dich keinesfalls scheuen, Gespräche mit anderen Lehrern zu führen und insbesondere die Klassenleitung um aktive

Unterstützung zu bitten, wenn du keine andere Idee mehr hast. Und du dich völlig hilflos fühlst

Eine weitere Konsequenz, die ich allerdings *keinesfalls* an eine der obersten Maßnahmen stellen würde, ist selbstverständlich ein Gespräch mit den Eltern eines auffälligen Schülers. Hier ist natürlich auch von Bedeutung, welches Fehlverhalten gezeigt wurde. Bei einer Prügelei sollten die Eltern sofort über das gewalttätige Verhalten informiert werden; beim ständigen Kippeln mit dem Stuhl oder Reinrufen in die Klasse wäre es vermutlich vertane Mühe, denn viele Eltern haben nicht den Einfluss auf ihre Kinder, durch einen kleinen Hinweis solche Angewohnheiten nachhaltig zu ändern. Und strikte Strafen halten die meisten Eltern meiner Meinung nach nicht konsequent ein. Abgesehen davon solltest du als Lehrer dem betroffenen Schüler durchaus erst einmal selbst die Möglichkeit geben, eigenständig und eigenverantwortlich aktiv an seinem Verhalten zu arbeiten und dieses bewusst zu verändern.

2.3 Chancen zur Verhaltensänderung geben

Das eingeschliffene Verhalten von Schülern dauerhaft positiv zu verändern, ist eine große Herausforderung, deren Grundlage regelmäßige persönliche Gespräche mit dem betroffenen Schüler sind (siehe Kapitel 2.1). Deshalb sollte man den Heranwachsenden die Möglichkeit geben, sich eigenverantwortlich mit der Entwicklung der eigenen Arbeitseinstellung und damit auch der eigenen Persönlichkeit zu beschäftigen. Dabei haben sich in meinem Unterrichtsalltag insbesondere zwei Hilfsmittel zur Langzeitentwicklung und der damit verbundenen Beobachtung bewährt.

1. Vor allem für kleinere Klassen eignet sich ein Smiley-Bogen, auf dem ein besonders verhaltensauffälliger Schüler nach jeder einzelnen Unterrichtsstunde vom jeweiligen Lehrer einen lachenden, mittleren oder traurigen Emoji ankreuzen lassen muss. Dies kann man natürlich auch nur für ein Unterrichtsfach anwenden oder eben bei höherem Bedarf prinzipiell für die komplette Schulwoche. Dabei muss vorher festgelegt werden, was der Schüler erreichen muss (bspw. pro Woche maximal drei traurige und fünf mittlere Emojis oder pro Tag maximal ein trauriger und ein mittlerer Emoji). Wichtig ist, dass die Kreuze täglich, spätestens aber wöchentlich mit dem Lehrer ausgewertet und in einem persönlichen Gespräch kommentiert werden. Um den Schüler besonders zu motivieren, können beim erfolgreichen Erreichen der nötigen Emojis Belohnungen in Aussicht gestellt werden (bspw. Hausaufgabengutschein, freie Sitzplatzwahl, Aussuchen eines Spiels in der Klassengemeinschaft). In höheren Jahrgängen ist dieses System ebenfalls umsetzbar, allerdings empfehle ich in Absprache mit den teilnehmenden Fachlehrern eine Abwandlung von den drei kindlichen Emojis zu den sechs Stufen der Notenskala, da diese konkreter sind und eine direkte Rückmeldung zum Leistungsstand geben.

2. Bei vielen Schülern tritt schlagartig eine markante Verhaltensänderung ein, wenn diese erfahren, dass ein persönliches Elterngespräch in der Schule ansteht. Wenn man dieses erst in zwei oder drei Wochen ansetzt, so hat man bis dahin einen recht großen Spielraum, konkrete Informationen zum Verhalten und der Mitarbeit der Schüler zu beobachten, zu notieren und diese immer wieder darauf hinzuweisen, dass bald der Vater oder die Mutter kommen wird. Alternativ kann man auch ankündigen, dass man in zwei Wochen die Eltern

telefonisch erreichen möchte und dann alles offenbart, was in letzter Zeit im Unterricht geschehen ist. Hierbei sollte ganz ausdrücklich betont werden, dass dies sowohl die negativen Aspekte als auch die positiven betrifft, sodass der betroffene Schüler noch ehrgeiziger daran arbeitet, dass die Eltern beim Anruf oder persönlichen Gespräch nur gute Dinge erfahren. Vielleicht ist ja die Erhöhung des Taschengeldes, ein neues Kleidungsstück oder eine andere Belohnung seitens der Eltern drin?

3 Handhabung schwieriger Lerngruppen

Während man in Lerngruppen mit lediglich wenigen verhaltensauffälligen Schülern diese einzelnen Unruhestifter recht gut erreichen kann, da man sich zielgerichtet auf diese konzentrieren und verschiedene Maßnahmen ergreifen kann, ist die Herausforderung wesentlich höher, wenn die Mehrheit einer Klasse Schwierigkeiten bereitet und das Unterrichten nahezu unmöglich ist. Bei meiner allerersten Französisch-Klasse, damals im Jahrgang 7, dauerte es anderthalb Jahre bis zur Klasse 9, bevor ich mit den Schülern intensiv und auch mündlich sinnvoll arbeiten konnte. Diese Zeit war kein Kinderspiel, doch auch hier gab es eine Reihe von Optionen, die in jeglichen problematischen Lerngruppen ausprobiert werden können und hoffentlich über einen längeren Zeitraum schrittweise eine Verhaltensänderung hervorrufen.

3.1 Gruppenstrafen

Ein häufiger Fehler, den wohl jeder junge Lehrer mindestens einmal gemacht hat, ist das vergeben von Gruppenstrafen: Da ist man genervt davon, dass gefühlt die ganze Klasse ununterbrochen gequatscht hat, dabei scheinbar niemand wirklich arbeitete und die Lautstärke schlimmer als neben einem Presslufthammer war, und der einzige offensichtliche Ausweg ist

ein pauschales: „Zu morgen machen alle die Nummer 3!“ oder „Ihr bleibt in der Pause hier und schreibt das ab!“
Doch so sehr diese Aussagen reizen und so gerechtfertigt sie für die Mehrheit auch zu sein scheinen - ein paar höfliche, fleißige und arbeitswillige Schüler gibt es in so ziemlich jeder Klasse, und selbst wenn es nur eine Handvoll ist. Auch diese gegen sich aufzubringen ist definitiv keine gute Idee, deshalb sollte man einen von vielen anderen möglichen Wegen beschreiten.
1. Wenn man Pech hat, ist eine Lerngruppe so enorm unruhig, dass man nicht einmal eine geregelte Begrüßung durchführen kann, da durchgängig irgendjemand spricht. Sollte dies über mehrere Stunden der Fall sein, ist es möglich, stumm den Schülern zu Beginn ein Arbeitsblatt mit ganz genauen schrittweisen Anweisungen auszuteilen. Dabei sollte die erste sein, dass die Aufgaben völlig eigenständig und ohne jegliche Hilfe oder zu sprechen bearbeitet werden sollen; die letzte muss vorgeben, dass das Ergebnis am Stundenende beim Verlassen des Raumes bei der Lehrkraft abgegeben werden wird. Deine einzige Aktivität in dieser Stunde sollte das Beobachten der Lernenden sein und damit verbunden das Anfertigen von Notizen zu Störungen und Regelverstößen, die du später mit den betroffenen Schülern im persönlichen Gespräch besprechen kannst.
2. Auch wenn die eben erläuterte Option nicht explizit beinhaltet, dass das Ergebnis auch zensiert wird, so ist eine beliebte Vorgehensweise in unruhigen Lerngruppen, das Arbeitsergebnis am Stundenende einzusammeln und dann zu bewerten. Dies ergibt durchaus Sinn, sollte allerdings zum Stundenbeginn auch angedeutet bzw. in den Arbeitsanweisungen erwähnt werden. Gleichzeitig bedeutet diese Vorgehensweise für dich als Lehrer allerdings auch einen ungeheuren Zeitaufwand, der nur in wenigen Klassen wirklich zu dauerhaften Verhaltensänderungen führt, wenn du diese Korrektur aller Stundenergebnisse nicht

ständig vornehmen möchtest. Du kannst es gerne einmal ausprobieren, vielleicht hast du ja tatsächlich schon direkt mit dieser Maßnahme Erfolg und musst keine weiteren Schritte gehen.

3. Jeder Heranwachsende kennt Fußball und weiß, dass die gelbe Karte eine Verwarnung darstellt und die rote den Platzverweis bedeutet. So kann man beginnen, den insgesamt schwierigen Teil einer Klasse schon einmal in gelbe „händelbare“ und rote „ausreizende“ Schüler zu unterteilen. Visuell kann man das gut an der Tafel darstellen, indem die eine Seite die gelbe Karte repräsentiert und hier bei der ersten Verwarnung die entsprechenden Namen angeschrieben werden. Die andere Seite spiegelt die rote Karte wider und listet schließlich die Namen der Schüler auf, die aus der ersten Verwarnung nichts lernen und weiterhin Fehlverhalten zeigen. An dieser Stelle wäre es nun durchaus gerechtfertigt, die bspw. zwölf Schüler an der Tafelseite mit der roten Karte länger im Raum zu behalten und an einer Zusatzaufgabe bzw. länger an der eigentlichen Stundenaufgabe arbeiten zu lassen. Dabei ist zu empfehlen, den Endstand zu notieren oder abzufotografieren und so dauerhaft zu protokollieren, welche Schüler ihr Verhalten keineswegs ändern. Auf jeden Fall sollte am Ende mit den Schülern ein Gespräch geführt werden, sodass diese noch einmal ganz bewusst auf ihr Fehlverhalten hingewiesen werden (siehe Kapitel 2.1). Damit andererseits auch die positiven Verhaltensweisen hervorgehoben werden können, ist anstelle des Fußball-Systems insbesondere bei unteren Klassenstufen auch ein Ampel-System mit drei Stufen denkbar. Empfehlenswert ist auf jeden Fall, alle Namen der Klasse als Kärtchen mit Magneten anzuheften und dann jeweils zu der passenden Stufe bzw. Farbe hin und her zu verschieben, da dies schneller geht, als die Namen immer wieder anzuschreiben und wegzuwischen. Außerdem ist es für alle

Schüler reizvoll und motivierender, wenn sie sich stets auch wieder verbessern und in den gelben bzw. grünen Bereich zurückwechseln können.

4. Ähnlich wie das Fußball- bzw. Ampel-System funktioniert die Einteilung in die sechs Stufen der Zensurenskala, sodass die Schüler ganz konkret und visuell an der Tafel oder dem Whiteboard sichtbar nachverfolgen können, wie ihre aktuelle Stundennoten aussieht. Wenn man zu Beginn des Unterrichts ankündigt, dass jeder am Ende eine Mitarbeitsnote eingetragen bekommt, ist dies für die Mehrheit der Lerngruppe sehr reizvoll. Ich habe die Erfahrung gemacht, dass viele Schüler die Benotung ihrer Teilnahme am meisten motiviert, da sie natürlich gerne die bestmögliche Zensur erreichen wollen und so entsprechend ihr Arbeitsverhalten anpassen. Selbstverständlich gibt es dabei auch durchaus Ausreißer, aber das sind in der Regel nur so wenige, dass man mit diesen individuell umgehen und durchaus Optionen aus Kapitel 2.2 anwenden kann. Natürlich werden hierbei weniger die tatsächlichen Kompetenzen und Leistungen der Schüler, als vielmehr deren Arbeitsweise bewertet, doch bei wirklich problematischen Klassen ist das meiner Meinung nach absolut gerechtfertigt, damit man möglichst schnell eine angenehme Lernatmosphäre geschaffen hat und die Störungen auf ein absolutes Minimum reduziert werden können, sodass man sich spezifisch auf konkrete Inhalte und Themen konzentrieren kann. Auf keinen Fall darf die am Ende der Stunde gegebene Zensur als Betragensnote verstanden werden, sondern sie sollte zunächst einen Schwerpunkt auf der Arbeitsweise im Fach liegen haben, möglichst schnell aber auch auf dem Fachwissen und den Kompetenzen der Schüler basieren.

3.2 Alphatiere ausfindig machen

Bei der Realisierung einer angenehmen oder zumindest akzeptablen Lernatmosphäre spielen nicht selten einige bestimmte Schüler eine zentrale Schlüsselfigur. Das erkennt man gut daran, dass Stunden bei ihrer Anwesenheit wesentlich unruhiger verlaufen, als wenn sie aufgrund von Krankheit oder aus anderen Gründen abwesend sind. Dieser Effekt ist ein Indiz dafür, dass es sich bei dem betreffenden Schüler um ein „Alphatier" handelt, d.h. dass dieser Schüler die Lerngruppe derart im Griff hat, dass er sie durch seine Art in besonderem Maße beeinflusst.

Dabei neigt man schnell dazu, von diesem Stimmung machenden Alphatier Abstand nehmen zu wollen und am liebsten aus der Klasse zu entfernen, indem man diesen Schüler fernab bei einem erfahreneren Kollegen in einem anderen Klassenraum arbeiten lässt. Das ist selbstverständlich eine Möglichkeit, die vorerst vielleicht sogar hilfreich ist. Sie sollte aber eine absolute Ausnahme bleiben. Außerdem ist diese Option längerfristig keine Lösung und vermittelt der restlichen Lerngruppe ein falsches Bild, welches diese sogar durchaus dazu bringen kann, selbst das störende Verhalten zu intensivieren.

Aus diesem Grund ist es viel ratsamer, das Alphatier einer Lerngruppe, insofern es denn eins gibt und man dieses identifiziert hat, durch persönliche Gespräche schrittweise besser kennenzulernen und „auf seine Seite" zu ziehen. Das klingt vielleicht zunächst einmal anbiedernd, bedeutet bei einer erfolgreichen Umsetzung aber eine Win-win-Situation: Du als Lehrer kannst ohne Schwierigkeiten unterrichten und die Schüler können problemlos intensiv lernen.

Neben vielen Gesprächen mit einem Alphatier-Schüler, die zu einem positiven oder gar vertrauensvollen Verhältnis führen sollten, ist es besonders wichtig, dass dieser Schüler Sonderaufgaben übernimmt und in seiner Rolle gestärkt wird. Dies kann von simplen Aktivitäten wie Austeildienst bis hin zur Lehrerassistenz führen, bei der er bspw. dafür verantwortlich sein kann, Verhalten der Mitschüler zu beobachten und entsprechend der roten oder gelben Karten bzw. Ampel zuzuordnen. Auch die Leitung einer Unterrichtssequenz oder Reflexionsrunde könnte er übernehmen, sodass der restlichen Klasse eine enge Zusammenarbeit zwischen ihm als Teil der Lerngruppe und dir als Lehrer deutlich wird. Dabei sind enge Absprachen zwischen Lehrer und Alphatier absolut wesentlich.

3.3 Belohnungen

Sobald eine Maßnahme bei einer schwierigen Lerngruppe fruchtet, egal ob durch die Vergabe von Zensuren, die Kooperation mit dominanten Schülern oder auch einfach den puren Zufall, dann sollte diese Gelegenheit unbedingt genutzt werden, um die Klasse zu belohnen und damit das gezeigte Verhalten positiv zu verstärken. Leider wird im Schulalltag in erster Linie mit Bestrafungen gearbeitet, deshalb sollte das Repertoire an Belohnungen unbedingt bedacht und sich regelmäßig an diesem bedient werden:

1. Auch wenn es ganz einfach ist, so freuen sich viele Schüler über ein simples Lob in Form von wertschätzenden Worten, wenn etwas gut gemacht wurde. Man muss nicht jede Kleinigkeit

preisen, sollte mit Wertschätzung in Form von netten Worten aber auch nicht zurückhaltend umgehen.

2. Bei besonderem Erfolg, insbesondere nach längerer Zeit, ist eine Süßigkeit stets eine Belohnung, über die sich jeder Schüler freut. Hier gilt es allerdings nicht nur auf Unverträglichkeiten (bspw. Allergien, ebenso wie religiöse Besonderheiten) der Lernenden zu achten, sondern auch das Bewusstsein, dass die Klasse durch solche Dinge nicht zu sehr verwöhnt wird und dauerhaft Schokolade oder Gummibärchen erwartet.

3. Kostenlos und flexibel ist das Zugeständnis einer gewissen Periode in der Unterrichtsstunde, in der nach erfolgreicher Aufgabenbewältigung und ehrgeiziger Mitarbeit für bspw. zehn Minuten ein gemeinsames Spiel durchgeführt werden kann. Hier besteht allerdings durchaus die Gefahr, dass es wieder zu Störungen kommt, deshalb bietet sich dabei einerseits an, dass der Alphatier-Schüler die Spielleitung und damit Verantwortung übernimmt. Andererseits ist absolut empfehlenswert, in der Praxis das Ende einer Unterrichtsstunde zu nutzen, da im Anschluss an ein Spiel im seltensten Fall noch konzentriert inhaltlich gearbeitet werden kann und der Stundenschluss ein natürliches Ende darstellt.

4. Ebenfalls zum Ende der Stunde kann man eine Lerngruppe oder insbesondere auch einzelne Schüler aus dieser dadurch Wertschätzung entgegenbringen, dass man sie überpünktlich zusammenpacken und schließlich bevorzugt aus dem Unterricht entlässt. Wenn man dies mehrmals macht, so ist davon auszugehen, dass sich nach einiger Zeit noch deutlich mehr Schüler bemühen, ein Teil der Privilegierten zu sein.

5. Je nach Jahrgangsstufe und Unterrichtsfach kann auch eine gemeinsame außerschulische Aktivität in Aussicht gestellt und schließlich durchgeführt werden, die in Zusammenhang mit dem Unterrichtsstoff steht und als Exkursion durchgeführt werden

kann. Schüler lieben jegliche Unternehmungen und sind durchaus sehr motiviert, in Hinblick auf solch eine Aktivität in den Stunden intensiver und ruhiger zu arbeiten.

Die Liste weiterer Belohnungsmöglichkeiten ist sicherlich lang, denn jegliche Erlaubnis und Zugeständnisse erfreuen die Schüler, wenn sie diese im Anschluss an positives Verhalten bekommen. Das muss nicht immer eine sehr gute Zensur sein, manchmal reicht auch die Erlaubnis, während einer Unterrichtsstunde einen Kaugummi kauen zu dürfen.

In Anbetracht dieser Vielfalt an individuellen Belohnungsmöglichkeiten in Zusammenspiel mit einer hohen Anzahl an Maßnahmen und Konsequenzen, um Fehlverhalten zu sanktionieren bzw. umzukehren, gibt es sicherlich viele verschiedene Möglichkeiten, um Schritt für Schritt mit „schwierigen“ Schülern den richtigen Weg einzuschlagen. Dabei gibt es keine Grenzen, solange das große Ziel bleibt, eine positive Lehrer-Schüler-Beziehung herzustellen. Und diese wird nur dann ermöglicht, wenn wir Lehrer viel Zeit in persönliche Gespräche mit unseren Schülern investieren und uns bewusst sind, dass es für jedes Verhalten gewisse Gründe gibt. Und diese gilt es herauszufinden und zu verstehen.

Zum Autor

Jan Rüdiger (*12.12.1989) ist seit Februar 2015 Lehrer für Englisch und Französisch an der Realschule Hohenstein in Wuppertal, Nordrhein-Westfalen.

Von 2008 bis 2013 studierte er Romanistik und Anglistik auf Lehramt an der Universität Erfurt. Im Anschluss daran lehrte er dort für zwei Semester in den Veranstaltungen „Jugendtheater in Theorie und Praxis“ sowie „Hilfe, ich werde Lehrer!“ Lehramtsstudierende für die Primar- und Sekundarstufe.
Von 2013 bis 2015 absolvierte er ebenfalls in Thüringen an der Regelschule Elxleben seinen Vorbereitungsdienst.
Im Zeitraum von 2009 bis 2018 erschienen insgesamt fünf Theaterstücke für Jugendliche beim Plausus Theaterverlag in Bonn, darunter u.a. „Diktatur im Klassenzimmer“ zum Thema Mobbing in der Schule sowie „Das Mädchen, das niemand kennt“ zum Thema Alkohol- und Drogenmissbrauch.
Außerdem veröffentlichte er bisher zwei Romane für Jugendliche: In „Sechzig Sekunden Zukunft“ (2019) geht es um die Zukunftsvisionen von Heranwachsenden, in „Unser kleines Geheimnis“ (2020) erzählt ein Teenager dem Leser seine persönliche Geschichte, die er sonst keinem anvertrauen möchte. Die Texte können kostenfrei in digitaler Form angefordert werden.

Kontakt: ruediger-hohenstein@web.de
Weitere Infos unter: www.instagram.com/jan.is.not.at.home

Printed in Poland
by Amazon Fulfillment
Poland Sp. z o.o., Wrocław

69054924R00026